FSC
www.fsc.org
MIX
Paperi vastuul -
lisista lähteistä
Paper from
responsible sources
FSC® C105338

Maija Kurikka


Särkynyt

Kannen suunnittelu:     Maija Kurikka, Jyrki Vornanen

Kannen kuva:     Maija Kurikka
Sisuksen taitto:     Jyrki Vornanen

Kustantaja: BoD · Books on Demand,
Mannerheimintie 12 B, 00100 Helsinki, bod@bod.fi
Kirjapaino: Libri Plureos GmbH,
Friedensallee 273, 22763 Hampuri, Saksa

ISBN: **978-952-80-9490-6**

# Sisällys

## MUSTIA LASIHELMIÄ

Tuijotan huurteista akkunaa
Vilkuilen levottomana pihamaalle
Olen kattanut kahdelle
Nostanko keiton pöytään

Sytytän kynttilän
Ehkä kuulin jo askeleet
Kiiruhdan eteiseen
Tuijotan tyhjiä huoneita

Istun pöytään
Liekki vapisee kynttilässä
Tuoli pysyy tyhjänä
Katson olematonta sinua

Muistot lähtevät pyörimään
Menevät silmieni edestä kuin filminauha
Sinä ja minä käsikkäin
Yhdessä

Puristan muistoja rintaani vasten
Kaksin käsin
Eivät ne pysy
Katoavat vain jonnekin tallelokeroon

Lusikoin kylmää keittoa suuhuni
Sinä et vain päässyt tulemaan ajattelen
Tuli jokin este
Niin, tuli kuolema
Yritän katsoa sen läpi
Mutta silmäni ovat täynnä
Mustia lasihelmiä

OSA I

RAKKAANI

# LÄHTÖSI AIKA

Lähtösi aika tuntematon
ei soineet sydämessä kellot
ei ilmoittaneet aikaa
en ehtinyt hyvästejä jättää
suudelmaa huulillesi painaa

Laitan käteni näkymättömään käteesi
sydämeni sydämeesi
ajatukseni kantavat sinua
siellä jossain
on jotain mitä jäljelle jää

Nyt siipesi on kevyet
kuin enkelin sudenkorennon
tai linnun
sinä lennät

En päässyt mukaan
mutta sydämeni veit
siellä kaipauksen kuva punoo
helmiä elämän kirjoon

HAUTAJAISET


Kaikki itkivät
Surussani ei sanoja
Tyhjyys
Upottava tyhjyys
Kaikki mennyt
Elettävä
Tarkoitus

Jäljellä vain valkoinen arkku
Hautajaiset
Multakokkareet päällesi lapioituna
Neilikat tuoksuu
Yksinäisyyden kukkia
Ikävä

Millä lakaisen sydämeni
Kaikki siellä istuvat vieraani ovat
Kuin kivettyneitä patsaita
Ilman sinua olen kylmä kivi
Elämän virrassa

Menit iäksi  kuolema vei
Jäi tuska ikävä läpimurto kipeään
Vielä usein askeleet kuulen
Ja luulen palajat mutta ei
Vain mielikuvituksen liikettä
Muistoja elävin kuvin

Kaipaan kaipaamaan päästyänikin kaipaan
Elän sinusta etkä ole et tule
Väsyn kaipauksiini itseeni
Ilman sinua olen kuin pyörremyrsky
Ilman päämäärää

Kuin likaviemäri
Mihin valuvat vanhat vedet
Haaveet kuin särkyneitä lasikukkia
Ilman liekkiä
Mikä  lämmittäisi elämän

Tuo minulle valo
Että heräisin elämään kuoleman varjosta
Tietäisin sinun
Elävän kuolemassa

Minä rakastan sinua
Kuoleman ylikin lentävät ajatukset luoksesi
Et koskaan jää unohduksen kirjaan
Siipiini on kirjoitettu laulu luoksesi


Jää hyvästi
Jää lämpimiin halauksiin
Keto-orvokin sinisiin silmiin
Niin poimiessani tietäisin
Sinun olevan läsnä
Tuulen hyväilyssä tuntisin sinut
On hyvä olla sinun ja minun


Taivaan kauneus vie sinua
Ajatukseni kannattelevat siipiäsi
Muistomme käpertyvät yhteen
Palavat elämän ja kuoleman liekissä
Kuin revontulet lapin yössä


Kulta
Uusi tie vie sinua
Enkelit
Olet poissa minulta
Mutta joskus koittaa aika
kun pääskyset kohtaavat
    Uudessa laulussa

Kuiskin nimeäsi
minne katosit  mihin menit
ihosi tuoksu, hengityksesi, katseesi syvä ja lempeä
en löydä sinua, en kuule

Tuttuja sanoja, rakkaita ajatuksia
hävinneet kuin pimeään yöhön
Etsin enkä löydä
kaipaukseni kutsuu sinua
Huutaa ääneen  kaukaisuuteen
kaiku vastaa
Oman ääneni vain kuulen

Tuijotan hämäräiseen akkunaan
tähdet ovat syttyneet, täyttäneet koko taivaan
Valoa pimeyteen, valoa pimeyteen
etten eksyisi enempää

Sinä olet jo eksynyt minulta mennyt pois
lentänyt kuin lintu jonnekin
minne en pääse mukaan
En ylety enää sinuun
En pysty

Kaipaukseni yhä etsii
kuumeisesti sinua
tuntemattomasta minne katosit
Hapuilen edes pientä palasta
näkyväksi kuuluvaksi

Menen haaveiden sillalle
muistelemaan yhteistä aikaa
Rakkaus sydäntä kuljettaa
sinne riemukaarien alle

Mutta pian on tultava takaisin
jäälohkareiden maahan
missä surun vuoret puhuvat
vierasta kieltä
En ymmärrä sitä vielä
olen surusta sekaisin

Herään painajaiseen
käteni etsivät hapuillen
enkä löydä sinua viereltäni
Vain tyhjä sängyn puolisko
siististi laskostettu peitto päällä

Hikikarpalot otsallani kertovat työstä
etsiessäni sinua pimeästä yöstä
Musta hiipii sydämeeni
kylmä kolotus joka jäseneen

Mieli on kuin tunnoton jähmeä möykky
sulaako tämä kipu koskaan
Voittaako elämä kuoleman tuskan
tulenko ihmiseksi jälleen

Ei päivää ei tuntia, ettet ajatuksissa kulkisi
kuljemme kuin yhtä matkaa, mielen matkaa
Kuljetan sinua sisälläni, et sinä paina mitään
olet mukautunut sopivaksi kuljettaa
niin kevyt
Mutta suru on raskasta kantaa.

# VALO KOSKA SE TULEE

Sinä, minä ja kipeä sydän
Elämä halusi sinun menevän
minun jäävän

Kuolema näyttää kasvonsa meillekin
antoi vain palasen
yhteistä aikaa
Minne se vei sinut
Entäs sitten minä
Kuormani niin painava
sillä olen rakastanut paljon

Ei – ei – ei – en voisi särkyä enempää
Valo
koska se tulee
ja tuska sammuu

SAAN VIHATA


Mitä elämä jätti jälkeesi minulle
tyhjyyden, mustan aukon
josta vain soljahdan sisään
loputtomiin surun pesäkkeisiin

En näe, enkä tunne maailman menijöitä
he kulkevat vain kiireellä eteenpäin ohi
Olen jähmettynyt paikoilleni
pudonnut johonkin käsittämättömään
mitä en vielä tunne

Sanovat suruajan kestävän
läpi jokaisen vuodenajan
Sanovat olevan sen yksilöllistä
Mistä tietävät, jospa en pääsekään pois
mustasta aukosta syvästä kuopasta
minne olen hautautunut suruni alle

Viha kuolemaa kohtaan on ottanut vallan
Saan vihata, vihata vihata
sillä se on vienyt rakkaani pois
eikä tuo koskaan enää takaisin
Enkä osaa olla yksin

PAPERIKUVA PIIRONGIN
PÄÄLLÄ


Piirongin päällä katsoo kehyksistä me
kaksi onnellista tähtien alla
nyt toinen on poissa
Ymmärrys ei yllä rajan toiselle puolen

Haluaisin koskettaa kuulla äänesi
upota rakastavaan syliisi
En voi vieläkään ymmärtää, ymmärränkö koskaan
sinua ei ole, etkä sinä tule

Piirrän sormillani kuvaasi kehyksissä
hyväilen silmiäsi huuliasi kasvojasi
Et hengitä enää
jäljellä paperikuva piirongin päällä

Kylmä tuska valuu sisälleni
en ole valmis kohtaamaan kuolemaa
se on kuin vieras huoneissani
ei kutsuttu ei kestitty

Lukotkaan ei ole sitä pidätelleet
häädän koko ajan pois
Eikä se lähde

# EN NOUSE – EN JAKSA

Sanon, vie vaan pois minutkin
Vie sinne minne veit toisen meistä
Meidät oli luotu toisillemme yhteen
Kuoleman viha syö viimeisetkin elämän rippeet

Raasta, raasta vain riivinraudalla
polta kuoleman tulella
Millään ei ole enää mitään väliä
en tahdo enää nousta, en jaksaa

Ei väsyneellä ole avaimia elämään
särkyneellä toivoa, millä jatkaa
En enää kohoa tästä, en nouse, en jaksa

Tunnen sisälläni silmäsi lempeät rauhalliset
eivät ne sieltä minnekään lähde

Kuin katseemme kohtaisi ja antaisi voimaa
olen vain hiljaa loppuun kulunut
    ihan hiljaa

MIKSI

Elämä on sammunut sinusta
sammuu aikanaan minusta

Mitä se ihmisyys on
Elämä ja kuolema
Mikä tarkoitus kaikella on
Miksi niin paljon kärsimystä ja tuskaa
        Luopumista

Miksi puuhastelemme täällä
Rakastumme, elämme ja kuolemme pois

Onko tässä mitään järkee
Yksi kysymys kaikuu korvissa
särkyneellä
        Miksi

Eikä mitään selitystä ole
niin vain on

Elämä hallitsematon, ihana ja armoton
Ihminen voimaton edessä sen, vaikka
vailla vertaansa lienee

Sieltä juuriltansa sitä vain kaivaa
palan kerrallaan itseään esiin
Yrittää ymmärtää
mennäkseen eteenpäin

Siinä luo omaa polkua kuljettavaksi

UUSI JUURI


Kun on levännyt paljon ja pitkään
väsymyksen kuori murtuu

Pieni lapsi sisällä herää
Elämä alkaa pikkuhiljaa
hivuttaa voimiansa sisään

Elämä ja kuolema käyvät käsikkäin
yhtä matkaa
ei ihminen niitä voi eroittaa
niin on aina ollut ja on oleva

Pieni siemen elää ihmisen sisällä
sen pienen lapsen

Kun hajoaa palasiksi särkyy
alkaa koota ehyeksi hiljaa

Murtuneesta lähtee kasvamaan
    Uusi juuri

ON NOUSTAVA


Kuolema on tullut jäädäkseen
ei se lähde
Se haluaa minusta väljemmän muodon
opettaa luopumisen läksyn
Haluaa elämän palapeliin
uuden järjestyksen

Elämä sanoo
katsele kaikkea joka suunnalta
monelta kantilta
ajattele ja ajattele
olet käynyt pohjalla
nyt on nousun aika

Kuolema on opettanut itsestään paljon
näyttänyt uudenlaiset kasvot
muuttanut koko elämän muodon

Elämää ja Kuolemaa
nyt ne ovat muotoutuneet yhdeksi
ja minä olen niiden Lapsi

# KASVUN VOIMAA

Elämän hehku tarttuu vähitellen
saa poskieni punan  hehkumaan

Silmäni ja aistini heräävät
kuin uuteen aamuun

Alan viheriöidä ja työntää itsestäni ulos
kasvun voimaa

Minähän elän, vaikka kuolema on karsinut
minusta pois kaiken

Sinä olet mennyt, vienyt mukanasi ilonkin
mutta minun täytyy jatkaa

Silti voimme kulkea, kuin yhtä matkaa
ajatuksin siivin voi luoda
kuin uutta laulua

# ELÄMÄ JATKUU

Aika on vienyt eteenpäin
painikamppailun käynyt
surukammiostaan herännyt piristyy
    elämä jatkuu

Paperikuva piirongin päällä hymyilee
otan käteeni ja katson syvälle
sinisiin silmiin
    suutelen huulille

Sanon  kiitos
    sain tavata sinut ja rakastaa

Puhallan kynttilän sammuksiin
vaan liekkisi yhä palaa sisälläni
rakkaus on sytyttänyt sen
eikä se koskaan sammu

Kuolemakaan ei voi puhaltaa
liekkiä olemattomiin ei, ei se voi
Puhallan kynttilän sammuksiin
vaan liekkisi yhä palaa sisälläni

Rakkauden liekki yhteiset muistot
niihin ei ole kirjoitettu unohduksen kaavaa
vaan elämä ja toivo
usko, että kerran vielä tavataan
    ja rakkaus

Niin paljon puuttuvia palasia päivissäni
ikävän koukeroisia kirjaimia paperilla
en aina osaa unelmoida, katsoa tulevaisuuteen

Välillä putoan ikävän kiristävään paitaan
käperryn kuin pieni lapsi peiton alle

Vuolaasti tulevat kyyneleet
pesevät silmäni puhtaiksi
että näkisin ehkäpä huomenna jo paremmin

# AHDAS PORTTI

Ahdas on portti, mistä käydä
paljon tavaraa pitää jättää pois
ei voi mennä neulan silmän läpi
pitää ensin tyhjäksi tulla

On päästettävä irti aukaistava solmut
jokainen langan säie mistä kiinni pitää
täytyy leikata poikki
Mitä minulle jää  Rakkaus

# HUOMEN TOIVO ELÄÄ

Huomen toivo elää se on paljon se
kuvajaisesi mukana yhä kulkee
Annan sinun asua sydämessäni
niin pitkään, kuin aikaa riittää
Sitten, kun aika loppuu
vien sinut mukanani
minne ikinä menen
Ei, en osaa kulkea vielä ajattelematta sinua
opinko koskaan
Annan itselleni aikaa oppiakseni olemaan yksin

Rakkaani, turvapuuni, olet siellä jossain
en tunne ympärilläni käsiäsi
en lohduttavia sanoja
mutta sydämeni on täynnä sinua

Rakkaus, loppuuko se mihinkään
sittenkään, kun ihmisen näköinen
ei kulje rinnalla

31

Kysymyksiä, niitä on paljon
surullisen sydän täynnä
vastauksia taas vähän
ne tulevat myöhäisemmällä junalla
että sydänmaa muokkautuisi kunnolla
Pitää kyntää ja kyntää, aura kovassa käytössä
vasta kunnolla muokattuun
Elämä heittää jyvän

JOKAISELLA MUSTANSA
SISÄLLÄ

Jokaisella mustansa sisällä
kaikki kantavat jonkinlaista taakkaa
surua salattua sallittua
Kukaan ei säästy, vaikka niin tahtoo ja uskoo
elämä on välillä vaikeaa
oi niitä ihania hetkiä, mitkä valoa tuovat
niitä on niin paljon

Löytäisimmepä itsestämme
sen kultaisen keskitien
emmekä vaappuisi puolelta toiselle
eläisi mielettömässä tunnemyrskyssä

Olemmehan vain ihmisiä
elämme kasvaaksemme, oppiaksemme ja sitten
kuollaksemme
täydelliseksi emme voi kuitenkaan tulla

Elämä ja Kuolema jatkavat vain touhujaan
me ihmiset opetellaan

# KUOLEMAN VAUNUT

Kuoleman vaunut tulevat hiljaa perässä
kuolema
on niin raskasta vetää

Kyynelliinassa lukee monta runoa
niitä vaan rustaan ja rustaan
vedän vaunua perässä

Surulla onkin paljon sanoja
ensin ei ollut mitään oli vain tyhjää täynnä
Mitä kuolemasta nyt voisi kirjoittaa
eihän sanojaan sille edes tahtoisi antaa

Kuitenkin huomaan paperillani sanojen
heräävän henkiin
Kynä taipunut kaareksi
elämän ja kuoleman väliin
sulattanut ne yhdeksi

Kuoleman vaunut tulevat hiljaa perässä
kuolema
on niin raskasta vetää

Kyynelliinassa lukee monta runoa
niitä vaan rustaan ja rustaan
vedän vaunua perässä

Mikä pyyhkisi pois rakkauteni
mikä palona leijuu sisälläni sinuun
riivin sitä itsestäni, kuin vähemmäksi
Yritän joka päivä päästä
surustani irti ja unohtaa
vaan ei se lopu
sammutan, kuin palavaa tulta
vaan ei se sammu

Pesisin itseni kärsimyksestä puhtaaksi
murentelisin murheet taivaitten tantereille
sulkisin oven pimeään huoneeseen
laittaisin oven lukkoon

Menisin jatkaisin matkaa
jonnekin missä kevyttä oisi
valoa ja kukkasia
mutta mitä minä olisin ilman rakkautta
turha pöly maapallolla
joka ei ketään kaipaa

Elämä pyytää tule mennään
tyhjiä katujako tarjoaa
yksinäisiä iltoja
surullisen sydämeen itkuliinoja

On noustava lähdettävä elämän mukaan
riisuttava ahdas märkä kyynelmekko
On annettava mahdollisuus elämälle
laitettava sydämensä pyörimään
elämän tuleen

Kylliksi tuuleentunut on tähkäpää
tärissyt kylmässä viimassa
kitunut pakkassäässä
Jokaisen vuodenajan menettämisen tuska
mukana kulkee
Vähitellen surunjää sulaa rinnan alta
hiljaa elämän kengät kuljettaa
eteenpäin

SURUPYYKKIÄ

Ei voi hetkessä luopua rakkaastaan
joka täyttänyt on koko elämän
Ei voi iloisena laulaa
surullisen laulukirjasta
On pestävä surupyykkiä
niin kauan, kun puhdasta tulee
ja laulukirjasta löytyy iloinen uusi laulu

SAAN KUVITELLA JA
HAAVEILLA

Muistan sinut aina
läpi elämäni kannan rakkauslaulua sisälläni
sinä laulat kauniisti niin kauniisti

Joskus perhonen istuu kädelleni
ajattelen sinun olevan lähelläni
Saan pitää haaveeni läheisyydestäsi
kuvitella sinut, vaikka jollekin tähdelle
kukkasten sydämiin
minne vain

Joskus lintu istuu ikkunalaudalle
tuijotamme toisiamme silmästä silmään
hymyilen
Saan kuvitella sinut linnuksi, miksi vain
mikä lohduttaa sydäntä
Haaveilijan sydän löytää aina jotakin lohtua
elämän keveyttä

38

Kirjaan muistoja ylös
uskallan jo katsoa
mitä paperilla lukee

Kuoleman pelko vähitellen väistyy
kuin unesta heräisin
Olen kävellyt tyhjän päällä
vain paperia koko elämä
jos tuleen heittäisi
syttyisi se palamaan
osaan silti vielä unelmoida

Herään uuteen aamuun
luottaen välillä kaatuen
eteenpäin on menijän mieli
miksi tuhlaisin elämäni

# PITÄISI LÖYTÄÄ

Pitäisi löytää lanka sydämestään, mikä johdattaa
uusiin kuvioihin, ajatuksiin ja tehtäviin
Murtaa surun synkkä muuri
niin alkaisi taas elämään

Tuntisi tuntisi olevansa joku, jolla merkitystä on
tarkoitus tehtävä
mitä kuolemakaan ei ole pystynyt
katkaisemaan

Pitäisi löytää tie, yksinäisen askeliin, elämä
minkä tahtoisi löytää uudelleen

Rakas, kaipaan suunnattomasti sinua
kosketusta läheisyyttä ihoasi
lemmen kipinöitä
tulta, mikä vie kuin polttava virta

Lennän, lennän yhä kauemmas
liekki tulinen kiidättää kiidättää
siinä keinun rakkauden virrassa
olen kuin morsian valkoisessa hunnussaan

Ei, en halua herätä tästä ihanasta unesta
huumasta ja hurmasta
tahdon juopua, kypsyä rakkaudesta, lentää
lentää
kunnes uupunein siivin lepään
sylissäsi

41

Laulu, minkä kirjoitin sydämeeni sinusta
rakkauden kuperkeikasta
kun hyppäsit sisimpääni nuoruuden innolla

Ei se lähde
vaikka kuinka pyyhkisin itkuliinalla
elää vaan omaa elämäänsä minussa
ja laulaa rakkauden kuperkeikasta

Millä pyyhkisin pois sinut
ettei koskisi tekisi kipeää
Kuinka kuljettaisin sydämeni
unohduksen ihmemaahan

OLEN VÄHISSÄ


En osaa kipua sanoiksi muuttaa
surua kuoria itkun päältä
En osaa olen vähissä
vain liikkuva liuta surunlapsia
heiveröisiä vähäeleisiä särkyneitä
hiljalleen kulkevia

Niin kepeä olisi itku
kun antaisin vain sen mennä
Olisi siivet ja valkoinen puku
kun antaisin vain sen mennä
Ei se vankina pysy
vaan tahto luja taivaaseen

Millä rikkirevityn korjaisi
mistä löytyisi liimaa
millä paikkaisin särkyneen
        sydämen

MUSTAT KENGÄT


Et kiikuta  enää minua keinussa
lausu kauniita sanoja
piirrä nimeäni hiekkaan
nuolia sydänten läpi

Puhallan lampun illalla sammuksiin
uneni on kauneinta
siinä kävelet sillalla ja
tulen sinua vastaan

Sitä rakentaa koko ajan
mihin työntää surua pois
Haluaisi tapahtuvan sen nopeammin

Mutta hitaasti käyvät
surullisen askeleet
Mustat kengät

Olen jäänyt paikoilleen
poljen poljen enkä pääse eteenpäin
Arpikudosta riittämiin kipeää lihaa ja luuta
Vaellan kuormani kanssa, kuin järjetön
en osaa vetää rajaa surulle, ilon pilaajalle

Nousinhan jo ylös
miksi olen taas täällä
polvillani maassa
Olenko kadottanut rukousnauhani
sitäkö etsimässä
Suru kasvattaa nöyryyttä
kuinka nöyrän se minusta haluaa

Jos uskaltaa kaivautua esiin
särkyneestä sydämestä
Jos antaa tuulen puhaltaa
päästää vähän irti
Uskaltaa tuntea kokea koskea
huomaakin

Ei katseesta säry
kosketuksesta sirpaleita synny
ei väsyneen tarvitsekaan
paljoa jaksaa

Joka huokauksella lasti kevenee
veresliha paranee
Mitä enemmän pakoon juoksee
sitä kauemmas surussaan lipuu

Kengät kepeät tahtoisin jalkaan
silkkinauhat lumen väriset
suunnan oikean ne näyttäisi
enkä enää eksyisi
niillä juoksisin
kävisin maailmaa mielin määrin

Suruhuntuni hujan hajan
se tahtoisi jo irti minusta
ilon vaunut ajelevat ympäriinsä
vaan eivät vielä kyytiinsä ota
Kaikkeen on oma aikansa
vasta sitten kun sydän on valmis

Mustan yön sylissä kiikuttelen surunlasta
verenpunaista elämä haluista
Kiikutan kiikutan hiljalleen
sitten taas kovaa, vauhtia riittämiin

Tuleeko valmista koskaan
rauhoittuuko lapsi
Syttyykö sydänliekki palamaan
jatkuuko matka
Sitä kysyn mustan yön sylissä
kun kiikuttelen lasta

EKSYKSISSÄ


Jotenkin eksyksissä ei tiedä paikkaansa
kuulostelee ei näy
ei ole rajoja ääriviivoja vain olemassaolon
olevaisuus
katoavaisuuden kepeys

Piirrän sanoja mielessäni
ne tulevat jostain
kuin ilmavirta kuljettaisi niitä ketjussa
jättäen leijumaan mielen maailmaan
siellä leijailevat putoillen paperille
äänettömän kevyesti
levottoman mielen painolastin
eksyneen ajatuksen juoksun

Vaikka eläisin täyttä häkää joka päivä
mikä sen muuttaisi kirjoittajan sydämen
sinne löytyy aina tie jotenkin
jotain sanottavaa sydän suoltaa paperille

Elämä pysäyttää kiireellisen kengät
aina sille paikalle missä sanat kypsyy
en tältäkään paikalta pääse ohi pakenemaan
Kuolema koskettaa yhtä lailla minua
kuin muitakin ihmisiä
Samassa veneessä ollaan
kaveri on poissa

Syli auki katselen kuuntelen
elämää
vain vähän aikaa riittää
ymmärrykseen enemmän

Tuuli pyyhkii hiuksillasi elämän laitoja
tuulten huminassa heräät uuteen elämään
lennät kuin enkeli
kihara pilvi pääsi päällä

Hetki sitten kosketus suudelma
ailahdus tuoksua elämän
kurkotan kättäni olet kuin tuuli

Putoan polvilleni
surunmeri huokaa päälleni
menettämisen tuskan
kaiken yhdessä koetun riemun

Tyhjyyden äärettömyys
huutaa minussa
syvää kipuansa

Kultaiset kutrisi heiluvat
tuulten mukana
yritän tarttua niihin kiinni

# UUPUNEEN UNI

49

Voisin vain olla olematta mitään
en taakseni katsoisi en eteenpäin
ei tulevaisuuden haaveita kuvitelmia
ei yhtikäs mitään

En juoksisi en hiljaa alkaisi mennä
ei kellon aikaa olisi
ei koskisi tekisi kipeää
ei kiireet meinaisi mitään

Olisin vain tyhjää ilmaa
kuin pois pudonnut maasta
mitään sanomattomaan uneen
mikään ei liikuttaisi mitään

Sydän on väsynyt
sielu yrittää hereille saada
sydän on särkynyt
ei se kuitenkaan tiedä
on sillä kirjoitettavana
vielä uupuneen uni

Sanat takertuvat minuun
eivät päästä otteestaan
kietoutuvat kuin takiaispallot ympärilleni
enkö saisi rauhassa levätä

Laittavat surusta kuluneet kengät jalkaani
terävän kynän käteeni
sinun on herättävä mene
okasi on vain vähän raapaissut sinua

Voisin hävitä pois itkemättä jättämättä jälkiä
kadota tyhjyyteen
täyttyä täyttämättömyyteen
sulaa pois kuin lumi

Lentää kuin syksyinen lehti maaemon syliin
pudota käpertyä kasaan
kuihtua kadottaa värinsä
maatua maaksi

51

Tyhjä asetelma, katsoo ikkunasta
surulliset silmät uupuneet tuskasta
näkökenttä hämärtynyt
vain pieni piirto paperilla
kertoo elämästä

Väsymys kaataa nurin
ihmisriepu surullisissa vaatteissaan
vaikka kuinka pesee
ei se lähde rakkaan tuoksu

Sitä liitää ja liitää, kuin lintu
putoaa taas maahan
syömään surullisen jyvän
pois nukkuneen rauhan

Taivas kutoo pumpulineuleita
katselen niiden kulkua ajattelen
Rakas
nyt saat uuden pehmeän puvun

Päiväni ovat pitkiä
aina sinä mahdut niihin
ajatukset kuljettaa luoksesi
olemme kuin solmussa toisiimme

ELÄVÄT JA KUOLLEET

Elävät ja kuolleet niitähän mekin olemme
yhteisen sopan keittäneet
Tarvitseeko edes erilleen mennä
ruumiiltaan kyllä sielultaan ei

Et sinä pois ole minulta
sisimmässäni aina käyt ja lähdet
Palasen itseäsi annoit minulle minä sinulle
joskus tulet ja noudat

Katosiko muu kuin ihmisen kuva
ikävän jätit jälkeesi surun syvän
kuin löytäisin uuden uneni sinusta
elämän, valon ja tähden

En voi pysähtyä en juosta pakoon
suru rakentaa särkynyttä
kuljettaa tehdäkseen vahvemman
näkevämmän kuulevamman

Suru antaa olla luonasi ja elämä
yhä samaa lankaa
jota lähdimme kantamaan
ei se näy, silti uskoimme ja elän siitä

MINÄ NOUSEN

Valon hapsuja siellä täällä
kuin kudottua rauhaa
Elämä polkee välillä jalkoihinsa
mutta minä nousen

Putoilen vähitellen kauniisti
antamaan elämän laariin
jotain itsestäni

Mikään ei ole päivän selvää
kunhan tietää pystyvänsä
löytää voimansa
Muuta ei tarvita
    se on siinä

JOTKUT LÄHTEVÄT TOISET
JÄÄVÄT

Kun suru tahtoo soitella siipiä
linnut istua kuoleman langoilla
ei voi juosta pakoon jalat on sidotut
kädet yhteen taitetut

Voi vain katsoa kun viikate niittää
jotkut lähtevät toiset jäävät
se on elämän laki

Ei ole olemassa väärää hetkeä
jokaisella on se oikea
Mistä nipistää elämälle aikaa
jos kuolema on jo katkaissut langan

En tahtonut tilaa surulle antaa
tahdoin vain sen luotani pois kantaa
pääskyt siivin kevein pääni yllä lensi
katsoin niitä ajatellen

Siinä keinuin ja pääskyjä ajattelin
toiset lähtevät toiset jäävät
keinumaan surujen sillalle

En tahtonut antaa surulle valtaa
työnsin pois kuin raskasta kiveä
kun muistot viilsivät sydämen pintaa
en siihen jää on lohtu jossain

Päivänkakkaran taitan
rakastaa  ei  rakastaa  ei
niitä näitä terälehdistään luen
muistovärssyjä sydämelläni soitan

Et ole kaukana vain jossain ulapalla
en kiinni sinua saa hamuan
kuin unelmaa katoavaa

Älä kiirehdi surijalintunen
on olemassa jokaiselle lohtu
aika sen tekee elämä ja
sisimmän kehto

Purjeet vie vesille väljemmille
aurinkorannoille lämpöisille
hiljaa päästää lähtijän vapauteen
surusta siivet itselleen

OSA II

ISÄNI

I S Ä


Elämän langat katkenneet
olet lähtenyt
        minne
sitä kukaan ei tiedä
Olet jättänyt majasi
tämän maailman tavarat touhun
sen kaiken
minkä kasvatit kokosit
        rakkaasi

        Isä
kannamme kuvaasi
rakkauden palavaa
        soihtua
se koskaan sammu ei häviä
Kuoleman ylikin tunteemme lentävät
sinne jonnekin
        luoksesi

        Isä
kaipauksen kosket kohisevat
itkuvirret soivat
ikävä liikuttaa rintaa
kyynelpurot kasvoilla polttaen kulkee
Ei ole muuta matkalle antaa
        kuin rakkaus
rakkaus minkä annoimme
        saimme

JÄÄHYVÄISTEN AIKA


Jäähyväisten aika ruusujen liljojen
hautakummullasi kukkameri
kaunis ainutkertainen

Isä sinä lähdit
nyt majasi lepää mullan alla
Korvissa soi vielä muistovärssyt
joita saattoväki lausui
viimeisen kerran

On jäähyväisten aika
ikävän ja kyynelten
Muistamme isä sinut aina
silloinkin
kun suruharso haihtunut on
olet luonamme aina

SURUKUKKIA

61

Surukukkia neilikat ruusut liljat
tuoksuvat surua ikävää
Jokainen valkea lilja seppeleeni
kerää pikariinsa kyyneleeni

Ei ikävää voi kääriä pois
on tunnettava kohdattava
annettava aikaa
elettävä sen yli

Kaikki kauniit muistot
mitkä isästä jäivät
kukittavat elämän tien
eteenpäin kuljettavaksi

# SURUHUUTO

62

Sanaton huuto itkemätön itku
runosuonessa tekeytymässä
Ikävä syö sisintä
nakertaa palan kerrallaan
kunnes juuret on läpi käyty
itkun jyväset koottu
niin, että kyynelvedet
kun valtoimenaan tulevat
maa jalkojen alla
on jo hieman vahvempi

63

Vietän hiljaisia hautajaisia yksin
kuvasi pöydällä
kynttilä liekehtii hiljaisena
rauha huokuu huoneessa
kuin hetki ikuisuuksista
kädestä kiinni pitäisi

Sydän kaipaa ikävöi pois nukkunutta
vaikka tietää
hänen on hyvä olla Jumalan kämmenellä
ei palele eikä ruumis
tuskaa kipua tunne

Rauha olkoon kanssasi
iankaikkinen Rakkaus

KEN TUSKATTA

Väsynein silmin katselen kuvaasi
pois kaipaisin minäkin
tuulen vietäväksi
taivaitten iki-ikkunoita tähyilemään

Mustan yön sylissä väsyttää
viisari kulkee hiljaa
eikä uni kuitenkaan tule
Kaipuu elää sydänkiehkurassa
rusottaa, kuin ruskolilja kukkapenkissä

Ken tuskatta hautaan saattaisi
itkutta rakkaansa multiin laittaisi
se on, kuin elämässä laki
mitä syvemmin tuntee
sen kipeämpi on kaipuu

Jokainen kyynel on muiston arvoinen
jokainen muisto ikuinen
olen luonasi aina

Monta ikävää olen itkenyt
hautaan asti
monta surun askelta tullut vastaan
Taas on tie rakkaasta tyhjä
askeleet poissa
eikä kaipaukseen vastausta

Silti uskon yhä
huomisen lapseen
toivossa uusi aika elää
Vielä heikkoa väsyttää
itkuliinalla pyyhkien kyyneleitä
Elämä on tulemista ja menemistä
hautaan asti

Sureva pysähdys paikallaan
kuoleman merkki rinnassaan
On luovuttava ja luovutettava
ennen kuin ymmärrys vapaudesta
tie eteenpäin menosta avautuu

Monta tunnetta ajatusta ikävää läpi käy
monta ruhjetta kyyneltä mustaa kohtaa

Kun itkut on itketty täytyy itkeä
pieni liike vie jo eteenpäin
askeleen kerrallaan
huomisen huomen on jo paremmin

67

Ensimmäinen isänpäivä ilman isää
hautakummullasi kukkii vielä
jäähyväiskukat

Sytytän muistojen kynttilän
isä sinulle
sen liekki on pitkä taivaisiin saakka

Minulla on ikävä meillä kaikilla
suuri kaipaus suunnaton

Isä sinä olet nyt vapaa
lennä taivaan tantereille
pilvipeittojen päälle

Sytytä tähtikynttilöitä
valoksi meille palamaan
matkalle
voimaa antamaan

SURUHUNTU


Joulun kellot soivat
kuusi koristeltu kinkku paistettu
piparit ja tortut leivottu
kynttilät niin lämpimästi
valoansa tuikuttaa

Jouluntuntu
ei ole niin kuin ennen
nyt yllä joulun lepää surun huntu

Kuvajainen isän katsoo kaikkialta
surunauhaa pujottaa
kyynelhelmin koristaa
valonauhat  yhdistää
sydämestä  sydämeen

SURUTYÖ


Matka jatkuu
sanojen paljous asuu minussa
Syntymä ja kuolema
kuljettaa kynänterää rinnassani
repäisee syvimmästä rikki
vuotaisin paperille
jättäisin jälkeni elämälle

Nyt tahtoisin olla vaiti
kuoleman edessä hiljaa
on kalvennut maa jalkojeni alla
peittynyt mustaan taivaani kannel
suruharso silmieni päällä
Outoja vieraita ovat
sydämeni lyönnit
ja tyhjyys mikä katsoo
kaikkialta

Ei elämä piirry paperille pelkistä sanoista
vaan tunteista kokemuksista
Ihmismieli rakentaa koko ajan
muotoa elämälleen
kuinka peilaa sisäisen ja ulkoisen
yhdeksi rakennelmaksi
miten muotoilee ja asettelee eri palaset
paikoilleen

Mitä minä laitan sille kohdalle
missä asuu nyt ei mitään
sinne ajatukseni tunteeni alituiseen hiipivät
kuin varmistaakseen, että totta se on
Isä ei ole täällä enää
isä on mennyt pois kuollut
matkannut rajan taa

Elämä on kuoleman jatkumo
kääntöpuoli syntymälle
elää kuolemalle kuolee elämälle
isä on täyttänyt tehtävänsä

Siellä ruumis lepää hautausmaan mullissa
valkoiset vaatteet päälläsi
honka-arkku vuoteenasi
seppeleet kauniina muistovärssyineen

On matka mainen päättynyt
jäänyt suru kaipaus suuri rakkaus
Tähän loppuu yhteinen tie
pidemmälle ei päästä mukaan

Itse kukin surunsa kanssa kulkee
käy arkeen kiinni niin kuin vain osaa
On luovuttava päästettävä irti
jatkettava matkaa

Aika syö surulta hunnun
päivät viikot kuukaudet
nakertavat pala palalta ikävän juurta
Ajatukset ahertavat tuskankammarissa
eikä surulle pysty kääntämään selkää

Surutyö tehtävä mikä sen pituus
sen tietää vain elämällä
Miten syvä tunneside
rakkauden määrä
Erontuskaa tunnet
kun luopumisen aika on

Elämä jatkuu kun surutyö tehty

72

Taivaskammarissa
kuvittelen isä sinun majailevan
Siellä silkkipeittojen alla lepäät
poissa maisen uurastuksen
tuskat ja vaivat

Kun levättyäsi heräät
ei lopu lintujen laulu taivaankannelta
Sinne ajatukseni luoksesi kiirivät
ja laulavat niin kauniisti linnut

# SURUKUTIMET

73

Suru kutoo silmukoita isälle villapaitaa
Teen lämpimän ei pakkasessa palele
Teen lempeän asettelen kylmät tuulet
Teen rakkaudella se on voima
Joka kantaa täällä, kuin myös siellä isä

74

Osaan jo paljon paremmin
ruokkia näitä kyynelaarteita
isästä
Eihän minulla ole enää muuta jäljellä
muuten kuivuisin
käpertyisin kokoon
Kyyneleet pitävät maaperäni kosteana
tekevät kanssani
surutyötä
Aurinko kun vihdoin paistaa taivaalta
maaperäni antaa satoa
tulevalle

# IKÄVÄ SINUA

75

En halunnut
sinun haihtuvan
sumuisiin pilviin
yöttömiin öihin
taivaan tähtiin

En halunnut
sinun menevän pois
häviävän tyhjään
katoavan minulta

Hukkuvan äärettömyyksiin
eksyvän maan poluilta
minulla on niin ikävä
sinua isä

76

Taivaan sini silmistäni särkyy
sanat kyyneleen muotoiset
virtaavat kirjan lehdille

Enkä minä usko huuliani
kun kuiskaavat olet mennyt
sydäntäni mikä sanoo iäksi

# VÄHITELLEN

77

Vaikka itkisi itsensä uneen
myös päivänsä uuden
Ei takaisin toisi rakkaintaan
riitä ei voima itkun surun

Vähitellen valo pilkistää
oksa viheriäinen kasvaa
lintu laulullaan ilahduttaa
jalka nousta paremmin jaksaa

Sitten kun haavat
uutta voimaa saa
sydän surujen virkoaa
ihminen jatkaa elämää

Menneisyyden meri kanssani käy
hiljakseen hievahda eteenpäin

Joki virtaa vierivät kyyneleet
puhdista auta vie tyhjyys

Tuttu ulappa surun suomuja täynnä
murtunut saa hengähtää

Täytyy levätä ohi kiitävä hetki
keltainen tähkäpää

Vuorovedet vaihtuvat odotan laiturilla
kukkasten kutsua

Taivaskellot soittavat tule iloiten
hymyile elämälle niin elämä
hymyilee sinulle

79

Ladon tiiliä päällekkäin
ladon ja ladon tiiliä
raskaita kiviä tiiliskiviä
En osaa olla latomatta
särkyneen on vain ladottava
että jaksaa
Rakennan surusta taloa surutaloa
en tiedä koska se on valmis
elämä on halunnut minusta
särkyvän tiilenlatojan
surutalon tekijän

VARJOKUVIA

Elämä on tyhjentynyt isästä
en välillä voi uskoa sitä todeksi
mieli rakentaa kuvajaisia
varjokuvia

Saatan nähdä hänet kävelemässä kadulla
tuttu sininen nuttu päällään
hymyillen lähden askeltamaan luokseen

Kunnes herään todellisuuteen
hän ei ole täällä enää varjokuvia vain
silloin tulee sydänsärky

Joskus otan puhelimen käteen
kyselläkseni kuulumisia
tai sitten ajattelen mennä käymään
mietin mitäkö ostaisin synttärilahjaksi

Kunnes herään todellisuuteen
hän ei ole täällä enää varjokuvia vain
silloin tulee sydänsärky

Elämä on tyhjentynyt isästä
minun täytyy uskoa se
varjokuvat ovat surutyötä ja ikävää
ei ole valmis vielä luovuttamaan

Varjokuvat elävät sisälläni
niin kauan kunnes olen valmis
menemään eteenpäin ja
sydänsärky helpottaa

# ÄKKIÄ VOI

Äkkiä voi aika pysähtyä
elämä kadota
Paljasjalkaisena tulit
ja myös lähdet

Kehdosta hautaan tie kuljettu
loppuun asti
Jää puut paikoilleen
vuoripuron solina soimaan
Ihmiset itkuineen kaipuineen
muistojaan luomaan

Äkkiä voi suru syttyä
tuskaan vaipua sydänmaa
Kun kuolema ovelle kolkuttaa
ja vie jo mukanaan

Äkkiä voi elämän seitti särkyä
hajota koottu
Lähtijä lähtee
jää toiset kaipaamaan
rakkaintaan kalleintaan
ystävyyttä ymmärtäjää

## SAAT MENNÄ

Annoin sinun mennä pois
on sydän luvannut
saat jatkaa matkaasi
en halua enää takertua
kiinni

Olen päästänyt irti
katkaissut langat itkemällä
surun punoksen ymmärtämällä
ettet tule enää
takaisin

Annan sydämelleni luvan ja
kengät kyynelten kostuttamat
saat sinäkin mennä
eteenpäin

83

Paljon kukkia hautakumpusi päällä
Kanervia havuja
ja kaipaavia ajatuksia
Lyhtyyn syttyy kiitoskynttilä
eikä liekistä rakkautta puutu

84

Tulet niin hiljaa, etten kuule
olet kuin ilmavirta tuuli
perhosen siiven kosketus
kuin kulkisi iholla hiljaa höyhen
lempeä väreily
sanaton ajatuksen juoksu
Näkymättömillä käsilläsi
ohjailet elämän virvatulia

85

Joskus lennät hiuksilleni
Olet siinä lähellä minua
Näkymättömänäkin
tunnen sinut
Sitten vain menet
kunnes tulet
uudelleen
Tiedän
ei kuolema vienyt sinua
kokonaan pois minulta
Sinä vain tulet ja menet

86

Rakas Taivaallinen Herra
Suojele ja Varjele Isää
Anna kepeät siivet ja kaunis maa
Rakas Taivaallinen Herra
Vala voimaa surullisten
sydämiin
Ohjaa jalkaimme askeleet
Vie väsynyttä
Valoa kohti

OSA III

VÄRSSYJÄ

Hiljaisuuden äärellä
surukellojen soidessa
sydämeni hyvästejä jättää
En voi vielä ymmärtää
kotona tyhjää paikkaa
sisälläni riipivää surua
Kuitenkin sinun annettava mennä
suuren rakkauden helmaan
iankaikkisen armoon


Kuoleman tuli polttaa
On jouduttava
Pakattava lähtötavarat
Koottava muistot elämästä
Kosketettava viimeistä kertaa
Nurmen nukkapintaa
Riippakoivun oksaa
Syleiltävä lapsen syliä
Otettava kädestä kiinni
Ennen kuin elämä jättää


Raja ohut kuin usva
helppo lähteä siirtyä vain hiljaa pois
Päättynyt pitkä elämän taival
väsynyt jo matkamies
Kiitos kaipausta soi lähtijälle laulu
jäähyväiset muisto seppelein
Hyvää rauhallista matkaa rakkaalleni

Yhteinen hetkemme maanpäällä päättyi
pitkän pitkä taival
Niin paljon kaikkea elämään mahtui
rakkaus työ ja vaiva
Käsikkäin kuljimme loppuun asti
sinä läksit minä jäin
Nyt porraspuulta katsoo kaipaava katse
taivaalle tähyää rakastaan ikävöiden


Surulinnut laulavat viestin
Vaiennut viulu soittajan
katkenneet kielet elämän
Kepeään vaunuun hän käy
valoisaan
Vain siipien havinaa kuulla voi
ilmassa tuoksua neilikan


Silmäsi loistavat kuin timantit
katsot jo pois meistä kaukaisuuteen
Haluat lähteä mennä
ei enää kiinni pidettävää
Elämä on armollinen
sitoo kukkaseppeleen päähän
enkelinsiivet selkään

Sanat vähissä lauseet lopussa
vielä lämmin käsi kädessä
Kuin ajatuksen virta vierisi
puolelta toiselle
tuudittaisi elämän kätkyttä
Siihen on rauhallista nukahtaa
ikiuneen


Tuuliviiri pyörii ajatonta aikaa
sammunut pihalyhty
Kissa vartoo ikkunalaudalla tulijaa
mutta ei et enää palaja
Yksinäinen linnunlaulupuu
vielä linnut ympärilleen kerää
ehkä kuulet vielä niiden laulun
kottaraisen pääskyn keltasirkun tiaisen


Puut paikoilleen jää
pihapolku kaipaamaan kulkijaa
Koti tyhjyyttä ikävää huokailee
sauna lämmittäjäänsä kaipaa
yrttimaat rehevinä hoitajaa
On ollut aika lähteä
kun viimeinen vilja on niitetty
tähkäpäät talteen kerätty

Yön varjoyrtti pimeyteen
jo kaipaa nukkumaan
Ei jaksa enää, väsyttää
Valo sammuu
Hämäryyteeen kaipaa ihmismieli
Tuntee olkapäällään kosketuksen
Näkee valon enkelin
Aika painaa silmät kiinni
Mennä taivaan kotihin


Jalanjäljet hiekalle painuneet
tuuli hiljalleen käy
Pyyhkii jälki jäljeltä pois
näkymättömiin
Elämän tuli sammuu
viimeinen liekin lepatus
Hymy jäi lähtijältä
itku tänne jääneiltä



Lähtemisen kaipuu vapaus
Kauan tuntenut sydämessään
Nähnytkin enkeleitä
Ovi avautunut
          mennyt on hän

Väsynyt kaipaa jo taivaan kotiin
Elämää paljon nähnyt
Hyvästit sanottu halaukset annettu
Puhuttu asiat loppuun
Rakkaus kiitos kantaa
        ja enkelit




Mummoni maamoni armaani
Maa niin kauniisti soi
Taivaskin
On aika lähteä
Laskuvesien mukaan
On tähkäpäiden
Keruun aika




Hyvää matkaa isä
Purjehdi kultalautallasi
pitkin taivaan siltaa
purppurapilviä
Jos näät siellä sydämiä
ajattelemme sinua

Tässä itken emoani
Värssyä värisytän
Huulilleni kyyneleet vuotaa
Synnytit minut kivulla elämään
Minä kivulla sinut kuolemaan
Kohdata erota
Syntymää kuolemaa
Iloa surua elämää
Kuljimme tovin rinnakkain
Yhdessä äiti ja lapsi
Rakkaudella yhteen sidotut
Tänään kun olen yksin
Pieni runonpalanen käsissäin
Sen kuuletko vielä
Oi Äiti armainen


Ystäväni jossain siellä
kaipuuni laulun ehkä kuulet sen
Ystävyyden lanka jos ei katkeaakaan
vaikka aika syönyt sen
Tunne sisälläni kantaa meitä
Ystäväni jossain siellä
näkymätön, ehkä tunnet sen


Muistojen ruusuja
ei kadottaa voi
Ne kukkivat aina
ja sydämissä soi
Muisteloin haavein ajatuksin
muistojen arkusta etsien

Mummat ja Papat
jalanjälkiänne lapsen kengin astelen
Paljon muistoja pieneen sydämeen mahtuu
Matkalla, jotain suurempaa niistä kasvaa
kuva säilyy
eikä rakkaus koskaan haihdu


Olet kaukana siellä jossain
Kerrotaan on enkelten maa
Sinne varmaakin pitkä matka
Ainakin ihmisen ikäinen
Jos kuulet viestini pienen
Mummi tiedät
Täällä istun ja ikävöin


Röyhelömekko päällä
hiukset rusetilla
Pienissä käsissä
päivänkakkaroita kimppu
Ei ymmätää voi
ukki on poissa
Matka päättynyt ukin
selkärepussa
Haudalle kimppunsa
jättää vain saa

Mummon lämmin syli on poissa
Sydäntä pienen millä voisi lohduttaa
Kauneimman kukkansa arkun päälle heittää
Jää kyynel ikävän poskelle vierimään


Hiljaisuuden kynttilä lepattaa
rakkaus on saanut sen palamaan
Sen väsymätön liekki
joka ei koskaan sammu
Siinä asuu elämän voima
iankaikkisuus
Mitä ihminen kokea voisi
suurempaa kuin rakkaus
Siitä syntyy aina elämä uusi
rikkaus sen moninaisuus


Sinä leikkinet kera niityn kukkien
kehrässä päivän paistehen
laulelet lailla lintujen
vain tuulissa äänesi kuulen


Niin kauan kuin kaipuuta
niin on myös ikävää
niin paljon kuin rakkautta
luopuminen tekee kipeää

Hiljaa sydämessä soi
kuin vasta auennut nuppu
kesäinen kukka
Vihreä varsi sen johtotähti
juurille maahan ja taivaisiin


Kaarisillalle tuletko sitten
kun taivas on tähtösiä täynnä
Näenkö tähdenlennon enkelin hennon
Tunnenko kaipausta ikävää
ikuisuuden kestävää
Niin kauan kunnes luoksesi
löydän tien


Pieni heikko käden puristus
kuin hyvästi jättö
On aika lähteä eteen päin
lempeästi hiljalleen
Elämänlanka katkeaa
rakkaus mikä jäljelle jää


Hennolla kädelläni piirrän
sydämen kuvaa haurasta
täynnä surua murhetta
särkyneitä haaveita unelmia
Viivat sydämen ehkä vahvistuu
kun käsi vielä joskus voimistuu

Suru mitä se on mitä kuolema
menettämisen tuska
Mitä on olla särkynyt
minne katosi kaikki se kaunis
Yhteisen elämän matka
mistä kumpuaisi kiitos
Ajallaan löytää se myös
särkyneenkin


Kauniilla rakastavilla lempeillä
sanoilla saatan sinut matkalle
Suurella muistojen sydämellä
kiitoksella


Kerään lemmikkejä maljakkoon
hentoja hauraita
Niitä elämäkin kerää
lahjoittaa sitten kuolemalle


Suopursuja kanervia sammalia
niillä istuu aikansa pieni enkeli
Mutta lähdön aika tulee
lentää kohoaa korkeuksiin
maan ääriin
tähtitaivaitten syvyyksiin
maailman kaikkeuksiin

Kissankellot jääkööt soittamaan sävelmiään
päivänkakkarat pientareelle paistattelemaan
Kivet kallioita rakentamaan
saniaiset sananjalkana
Ihmisen aika on vain ohi
tuli käymään sitten lähtemään


Pieni henkäys
eikä ole täällä enää
Niin pienen matkan päässä on kuolema
Niin lähekkäin käsikkäin
elämä ja kuolema
Täällä sitä hengaillaan ymmärtämättä
että on pienestä kii


Taivas pilviä piirtää
maa hengittää ja kasvaa
Aurinko valonsa antaa
siinä ihminen käyskentelee
Oppii mitä oppii
tekee mitä mielestään osaa
Vaan joskus jokaisen on aika lähteä
elämä loppuu
Ei tänne kukaan jää
kaikkien noustava kuoleman vaunuun
Mentävä on

Niin pitkä matka taivaaseen
ei siihen sanat riitä
Kuitenkin kuin tuulen henkäys
viimeinen nuotti
siihen laulu loppuu


Monta pientä tähteä
syttyy taivaalle kun lähdet
Johdattaen kulkusi sielun kotiin
kuin muistonauhana vie
rakastavat sydämet


Täällä itkemme suremme rakkaitamme
kaipaus syvä sydäntemme
On vaikea luopua luovuttaa
päästää elämästä lähtemään
Mutta sinä lennät jo vapain siivin


Joskus pieni hetki on enemmän
kuin pitkä elämän taival

Elämä on tyhjää ilman sinua
Kaipaan syvästi sydäntäsi
elämän riemua yhteistä matkaa
Nyt olet ruusujen peittämä
suruliljojen
Nukut rakkaittesi muistovärssyt ylläsi


Kuulen puron solinaa
lehdossa linnut laulavat
Kaukainen maa hyväillen kutsuu
hiljaisuuteen rauhaan lempeään
Sinne käyn hiljaa lepäämään


Suopursut vaivaiskoivut sammaleet
kuin lapinäidin kehto
Tunturituuli ylitse käy
puhaltaa liekin sammuksiin
Peittelee tuonen lehtoon


Kielot orvokit ruusujen tuoksut
Juoksen kuin pitkää kukkakujaa
Havumetsää yrttejä heinää
Tunnen jo saniaisten tuoksun
Kuulen ah  oi
Kauniisti soittavat enkelkellot
Ei en enää luoksenne palaa

Kaunis satu päättyy
yhteinen matka kuljettu loppuun
Mutta satuhan jatkuu
kun tähdet taas toisensa kohtaa


Suuri sydän helmin kirjailtu
Rakkauslauluin laulettu
Maalattu moniulotteisin värein
Sanoihin tekoihin kätketty
Elämän viisaus kauneus
Sydämen täyttää muistot
ja kultaa Kiitos


Huojuu puu tuulessa heiluu
Katselen kuvaa
mustat reunukset ylläsi
Tahdoit mennä tuulen mukana
lentää kuin syksyinen lehti
Niin paljon aarteita kantaa sydän
niemeäsi kuiskii huuleni
Kypsynyt sato kootaan aina talteen


Valo kantaa valaisee tietä
Et eksyä voi kun valo siivet antaa

Kuultokuva kudos hauras
läpivalaistu
Kuin särkyvä kristallimalja
on elämä
Ei tunne syvyyden syntyjä
mistä kaikki alkaa


Kuin lammen jää
peilipinta on elämämme tää
Se heijastuksen luo katseen syvempään
Unen toisenlaisen näät


Jää vielä vähäksi aikaa älä mene pois
Edes hetken tahdon lähellä olla
tuntea elämän tuoksun
Rakasta  kädestä kiinni pitää
ennen kuin se irrota vois


Elämäntuli sammuu
palava liekki hiipuu
Rakkaus ei tulesta piittaa
liekki vaan jatkaa leikkejään
maan ja taivaan välillä

Oletko enkeli tuuli vai pyrähdys linnun
Jotain lempeää lähelläni tunsin
kuin kosketus höyhenen


Elämä on lyhyt
kylvettäväksi siemeniä
jotka eivät koskaan idä
Kyllä surevankin maa joskus kasvaa
kunhan on tarpeeksi kastellut
kyynelvedellä


Ikävä minulla on ikävä sinua
Yhdessä elettiin kuluneet vuodet
rakastaen
Yhdessä kuljetaan yli hautausmaan
rakastaen


Ei päivääkään
etten ajattelisi sinua
linnunratoja tähtivöitä
Pilvien mukana viestiä pukkaan
ajatusten voimin
sanat suloisimmat
korvaasi suppaan


Niin paljon sanoja
yksi niistä on rakkaus
Tarvitseeko muuta
se kertoo kaiken

Kohosi lintu taivaaseen
pieni kaunis hento
Äärettömyyksien vesissä kasvoi
tuo pieni kaunis hento
Paluumatkaan oli valmis
sinne minne jo kauan
tahtoikin mennä
Kohosi lintu taivaaseen
tuo pieni kaunis hento


Pitkinä yön tunteina väsyit uuvuit
hiljaa liukenit pois
Hymy jäi kasvoillesi kuin hyvästi jättö
vielä lämmin käsi kädessä
Voiko kauniimpaa olla
Raja ylittyy
viiva elämästä piirtyy
Rakas
turvallista matkaa


Vaikka kyynelvirta silmissä siintää
tietää
toisen on mentävä, kun on mentävä
Vaikka kuoleman musta ovi pelottaa
ei voi kuin luovuttaa luottaa
Kaikki kääntyy parhain päin
elämän viisas virta kuljettaa

Elämän jyviä laarissa
maa valmiin satonsa antaa
Kantaa tähkäpäät
tuulien vietäviksi
Sanoo väsyneelle
lepäähän tässä, hautakummun alla
Ruskoliljojen syleilyssä
hiljaisuudessa


Kyyneleet, niillä peittelen sinut
lähtevien vaunuun
ja  neilikoilla
Joka kyynel on rakkauden muotoinen
kantaa sisällään siemenen
Ei yhteys katkea
Ruoho kasvaa jalkojen alle
puut, pensaat ympärille
ja  neilikat kukkivat
Vain valossa on voimaa, rakentaa uutta


Kun aika on lähteä
menomekko päälle
ja purjeet mastoihin
ei sen kummempaa
Kun tiimalasi on tyhjä
on aika nousta laivaan

Valkoinen puku on yllään
kuulen jo siipien havinaa
ei  mitään hätää
kaikki on hyvin
vain tuulikellojen helinää


Kannoin sinua käsilläni
loppuun asti sydämelläni
eikä se riittänyt
Sinun oli mentävä lähdettävä
mutta rakkaus jäi
Suruperhonen lennät kädelleni
katseestasi voin lukea
luopumisen tuskan ikävän
Kyyneleet tulevat
mutta kun lennät valoon
suopursut kukkivat
Kaarnalaiva ui hiljalleen
kyljessä liplattavan laineen
Mikään paikoilleen ei jää
kyyneleet ikävä rakkaus


Syleilyysi lämpimään jäin
ajatuksiin meidän kahden
koko elämän punoimme kukkaseppelettä
nyt se lepää haudallasi
rakastan sinua niin

Kedon kukkia orvokkeja
niistä punon kukkaseppeleen sinulle
Luonto lohduttaa meitä rakkaansa menettäneitä
käärii havun tuoksuiseen syliinsä
ja pyyhkii kyyneleitä


Tähtitaivaalla monta tähteä
oletko nyt yksi niistä
katselet sieltä meitä
kyyneliin eksyneitä
valoa tuot tähtesi verran
niin ettei toivomme
koskaan sammu


Ei en eksy
siipiini on kirjailtu rakkaus
Se kuljettaa sinisten satujen maahan
unelmien kultaisille silloille
Kukkasten meri kutsuu
et lakastu, kun taivut
tahdotko olla ruusu vai neilikka


Askeleesi kulkevat kaukana
kevyet kuin harsopilvi
Tuuli hyväilee laakson kukkaa
eikä se väsy kuuntelemaan
laulua rakkaudesta

Linnunratojen vaunuun
tähyämään tähtiä taivaan
Pilvien päälle istumaan
katselemaan tomua maan
En enää luoksenne palaa


Käsi kädessä mennään
rinta rinnan eteen päin
Sydämessä paljon elettyjä
muistoja rakkaita
Niitä yhdessä vaalikaamme
sana kiitos muistakaamme

Pieniä askelia eteen päin
valon häivähdys
Hetki, oivallus syntyy
ylittää painavansa


Illan pehmeä hämäryys
tähtien tuikkivat valot
Hiljainen siiven kosketus
enkelten sylissä kevyt lentää


Vapahtajamme käsi lempeä
uni kaunis
Tuska kipu lakanneet
rakkaudessa hyvä levätä

Kun liitää onko iällä merkitystä
rahalla omistamisen oikeudella
Liitoon tarvitaan vain siivet
mitkä jokaisen selästä löytyy
kun aika on kypsä


Puitten rungot itkevät
lehtensä pudonneet
oksansa paljaina riippuu
Syksy saapuu jokaisen
sydämeen
vie lehtivihreän pois


On tuska kaipaus syvä
toinen on poissa
jossain ilmojen halki kulkemassa
Minä elämään eksyksissä
ehkäpä syvissä vesissä
Tunteemme kohtaa
rakkaus, mikä eteenpäin johtaa


Sydämellään jokainen tuntee rakkauden
se sytyttää valon ajatuksen
muistonsa muistaa
Eikä se epäile sittenkään
kun käsi ei tartu enää käteen
huulet ajatuksia lausu

Pihlajat oranssia hehkuu
keltaisina vaahterapuut
Lehtivihreä lepäämään käy
oksat viimeisen suojan antaa


Kun raja ylittyy
purjeet kantaa kaukorantaan
sinne jonnekin
minne kipuilu ei yllä
Rauha viimein ihmisellä
vapaus


Hopealehti kultainen kukka
kaikki punaiset purppuraruusut
Sateenkaarien väriaarteet
pilvien pienet pisarat
Maaäidin rauhaisa lempeä hengitys
Nekö unhoitan kun lähden
Muistanko mitään kun tuuli vie
ja puhaltaa pelin poikki
uskonko
kun kysytään haluanko jatkaa


Uupuneet silmäsi pois lähtevän katse
luovuttaminen sanaton hyvästi
Elämän liekki hiipunut hiljalleen
valmistellut valmiiksi lähtöön
kunnes niin kevyt, että osaa lentää

Surun tuolla puolen
pilvetön on taivas
Täynnä valon lempeyttä
armon lohdutusta


Sammunut kynttilä
vaan yhä liekki sen palaa
siellä jossakin
missä murtuneet ihmisen rajat
Kevyenä lentää
tuoksuvissa puutarhoissa
kuin perhonen
valon säteet siipiänsä kantaa


Kiitos tästä päivästä eilisestä
niistä kaikista menneistä
kiitos vielä huomisesta
vaikka kaarensa päässä keinuisi
ajasta katoaisi
kiirehtäisi tähtipolkua
näkymättömiin


Pois menen hiljaa vuoroni on
yön aikaan
Silloin on rauhallista
lumpeetkin nukkuvat ei melua
Hiljaisuudessa matkustan
maailman ääriin
pilvipeittojen päälle
levätäkseni

Illan hämärään käy askeleet
lumeen valkoiseen ne häviää
Ei palaa enää sydän kultainen
vaan kiirehtää jo taivaan valoon


Tuolla puolen tähtien
maa kaunis kultainen
Valon hohtaa luodullensa
väsyneelle levon antaa


Pukeudun kepeään kuin keijun
harsomekkoon hauraaseen
Ristiin rastiin on kangas luotu
sitten minulle tuotu
Ilta hämärää jo kantaa
aamun vielä valjeta antaa
Sitten mentävä kutsu on käynyt
läpäissyt valo hauraan kankaan


Olet tuulien vietävissä
ne riepottelevat hiuksiasi
ei ne haavoita ei kipeää tee
Kuin lumottu uuteen enää et
kaipaa entiseen olet tuulten lapsi
iankaikkisen elämän kasvatti
Oi ihana elämä
soit sen minulle
Purjeet nousee taivasta kohti
lähdön aika on tullut

En enää mitään kaipaa
elin sen minkä sain
Rakkauden siivet selässä
 nyt sitä mennään


Pitsilinnanko näin unien takaa
valkoisen torneja täynnä
Hauras kuva katsoo silmäinsä lasista
tuonneko mennä taitaa
Ei enää tässä maailmassa
pois jo jossain sumussa


Vielä käsi hivenen sormea puristaa
kuin hyvästejä tahtoisi jättää
Mene vaan rauhassa lepäämään
mene väsynyt unien maille
Sinulle ruususeppeleen muistoksi teen
ja rakkaudella nauhat laitan


Muistosi rakas minulle
sen ikuisesti kätken sydämeen
En enempää voi
kuin luovuttaa sinut
vaikka tahtonut olisin pitää
Eron kyynelet joskus kuivuvat
mutta muistojen ruusut elää

Elämä on täysi
ei siihen mitään enää mahdu
mittansa määränsä pituinen
Askeleet hiljenneet maaäidin syliin
hiljainen tuuli kellojaan virittää
menijä kaukana jo


Vaikka juoksisin kuinka kovaa
en pääsisi surusta irti
ehkä on aika hiljentyä
antaa sydämen puhua
Kenties vielä siellä äänesi kuulen
tutun turvallisen rakkaan


Sydämen muotoiset hiljaa huokailee
itkeneet ovat tuoksuissa liljojen
En teitä jättänyt siirryin vain aikaan tähtien
tuonpuoleinen kutsui jo kotihin


Kuolema piirtää uutta vanaa
vapauden sanelemaa
Sydämen muotoinen lentää liitää
unelmineen kaikkineen
Haaveiden kukkakori sylissään
rakkaus johdattaa

Kyynelten meri tietää
kuinka paljon kaipaa
miten paljon on ikävää
Merensä mittainen sydän
luopumisen kipeä kaivo
Kuitenkin lähtijä vain lähtee


Elämä pois pyyhkäisee lähtijän kuolemalle
Ei kysy lupaa, miksi kysyisikään
kun aika on täysi


Vieritin tuskankiveä hautakumpusi päältä
vieritin, en ollut vielä valmis lähtöösi
Sitten ymmärsin
rakkauteni kantaa sinua paremmin
ja minua


Ajatukset ohi kiitävät kuin perhoset
lempeys kasvoilla lepäämässä
Pitsiunelmaa harsohelmaa
kimppu valkoisia liljoja
Ohikulkijat kurkottavat käsiään
eivät enää yllä
Tuuli puhaltaa vain ohi läpi käsien
sydämen
Ei keveydestään osaa enää palata

Sanani sinulle äänettömiä et kuule niitä
Olet kiirehtinyt unelmiesi maahan
minne aina haaveilit
Ystäväni toivon sinulle
rauhaisaa matkaa
ja kiitos, että oltiin me


Pääskyset liitävät taivaalla
aurinko paistaa, tähdet tuikkivat
Sinne pilvien sekaan tahdoit sinäkin
taivaanrantoja tähyilemään


Orvokkisilmäsi lipuvat kauaksi
kaukaisilta tähdiltäkö nyt näyttävät
Kuitenkin muistosi elää minussa syvällä
Valopuuteria kasvoillasi, harsomekko asunasi
ympärillä vapaus avaruus
Olet riisunut kengät portinpieleen
et tule enää takaisin
        Hyvää matkaa rakas


Takertunutko liljankukkien tuoksuun
Se on vain siirtymää seuraavaan
Missä päivä ja yö vaihtavat vuorojaan
ja ovi avautuu
ajattomuuden rajattomuuteen

Valo ohjaa, kun ihmisyys katoaa
hämärä taipuu
Pimeydestä löytää näkevämmät silmät
on jo valmiimpi uuteen
Lepään rakkaudessa
Iankaikkisen läsnäolossa


Tuhkani on vain luku
maailmankaikkeudessa


Elämän tuli sammuu
viimeinen liekin lepatus
Hymy jäi lähtijältä
itku tänne jääneeltä


Siipi enkelin koskettaa
Puhtaan valkea lumipuku yllään
Tarttuu käteen väsyneen
Vie unten maille iäisille
kaukomaille kaukaisille


Askeleet hidastuneet
ikä painaa
Työtä tehneet kädet
elämää nähneet silmät
Sydän jo valmis lähtöön
Kun vilja on kypsää
se leikataan ja korjataan

Punaiset ruusut valkoiset liljat
Seppeleessä tuoksuu ja kukkii
Surupuku yllään särkyneellä
Ei päästäisi pois lähtijää
Ei uskoisi että arkussa lepää
Vielä tahtoisi uuteen aamuun
Nousevan auringon valoon
Ottaa kädestä kiinni puhua rakastaa
Mutta jäjellä vain
Ajatuksen lento


Tuli aika
Pois kun luotamme lähdit
Sammui silmät tähtien joukkoon
Uupui rinnassa sydän lämpöinen
Väheni voimat ihmisen
Kiitoksella ja rakkaudella muistamme
Vie Herra taivaan kotihin



Kun ehtoo saapuu
Aika täysi
Elämänkukan varsi katkeaa
taipuu taivaaseen



Kun elämänlanka katkeaa
on työnsä näköinen
ajatustensa kokoinen
on elämänsä pituinen

Aamulla näen valon
Illalla pimeyden
Siinä välissä on elämä
Kun se on täysi
Tulevat linnut
ja näyttävät tietä


Enkelit keräävät kukkasia
Levittävät matoksi jalkojen alle
Painat vain jalkasi
Kukkasten sydämiin
Ne näyttävät sinulle tietä


Kätesi lämpöiset vielä tunnemme
Hetkiseksi omiimme ne suljemme
Jäähyväiset on aika jättää
Vielä hetken pitää toistemme kättä


Perhoset linnut kukkaset
Valkoiset koivujen kyljet
Vihreä ruoho siniset veet
Ne muistan kun lennän
En enää tupiinne saavu
Kammareihinne ennä
Aurinko helottaa tähdet tuikkii
Sateenkaaren tuolle puolen
Tahdon jo mennä

Viimeinen valsssi soi
meidän tanssimme viimeinen
Tanssien tapasimme
tanssien teimme yhteistä matkaa
Sitten saitkin kutsun
tanssia taivaisiin
Yksin


Takertunutko liljankukkien tuoksuun
se on vain siirtymää seuraavaan
missä päivä ja yö vaihtavat vuorojaan
ja ovi avautuu
ajattomuuden rajattomuuteen


Onnellinen ilosta minkä kanssasi elin
veit sen mukanasi taivaan tantereille
saat pitää kuuntelen
Jos heittäisit vaikka sanan kaksi
tulisin ilosta onnelliseksi


Tuli kuolon enkeli
Ja kosketti hiljaa
Valui elämä kotelosta ihmisen
Katkaisi langan ja käteen tarttui
Vei pois matkalla jo väsyneen

Nyt yhtenä tähtenä taivaalla loistat
Valona vilkutat kättäsi loistavaa
Kuin ennen kotosi armaassa haassa
Ulkovaloilla jätit hyvästit
Jälkeemme vilkkumaan


Koivut heräsi aukaisi silmut
Aurinko lämmitti valollaan
Siinä nukuit arkussas kaunoista unta
jätit kauniit muistot
sydämiimme asumaan


Hautakumpusi vierelle käymme hiljaa
itkien kannamme muistojen seppeleliljaa
Peitämme ruusuin ja kiitoksin
laulamme jäähyväisvirtemme


Minne veit enkeli äidin rakkaan
Mummomme ikiarmaan
Vuotesi vierivät sait harmaat hapset
Jälkeesi itkevät ystävät lapset


Olit minulle kaikista rakkain
Sinua etsin itken ja ikävöin
Korvissain soivat surujen kellot
Ja kotini on tyhjä sinusta

Kuinka kaunista untasi on katsella
Suuren kivun ja tuskan jälkeen
Kuin musta ukkospilvi olisi kulkenut ohi
Nyt rauhanvalo kasvojasi kaunistaa


Mikä minä olen ihminen
Elämän sylissä muuta kuin
suruni kanssa yksin
Mikä lohduttaa voisi enenpää
kuin palaisit takaisin
ja olisimme kaksin


Herää nupustaan valkeuden kukka
Avaa terälehdet sielun kukastaan
Surun siivet valvovat kehtoo
Lennä lennä oi
Ennen kuin saapuu ehtoo


Sinä näet
Mitä meistä ei ymmärrä kukaan
Itkien käymme vain kummulles haudan
Kesän syliin jätit ruumiisi majan
Lintujen lauluun
Tuuditit surumme syvään

Kaipaus kukkii kieloja kerään
hautakumpusi viereltä
itkien herään
Multaa möyhin
kielot kimpuksi taitan
rakkauden kukat haudalle
muistoksi laitan


Täyttäös huulemme kiitoksin
Äiti olit sä meille parhain
Kannoit huolta lapsistas
Aamuin illoin
Saattelit rukouksin
Lempeästi päivään uuteen


Nukkua unesi ihanan
Helmassa luojamme armaan
ikirauhan ja levon tarhan
Sinulla on osa parhain


Rakkaus
Muuttuuko kuolemassa
Ei
Se on kuin pyhä käärinliina
Millä ympäröi vainajansa
Lähtevien laivaan

Kyyneleet tuska
Nekö puhdistaa
Ikäväni sinuun
Lepää vain rauhassa
Minä vahvistun
Kunnes olen vapaa
Minäkin


Muistele tähkäpäiden tuuheutta
Lammen läikkyvää vettä
Puita jotka vahvoina kantavat osansa
Tunne kukkaset hautakummullasi
Ne ovat hyvästijättö


Väsynyt surusta ikävästä sinuun
Et haluaisi nähdä kyyneleitä silmissäni
Vain että sydämmessäni asuisi onni
ja rakkaus tulevaisuuteen


Minne viet tuuli
Sinä elämän lasta
Huojuttelet keinuttelet
Kuin äiti lasta
Viet sinne minne pitääkin
Pienoistasi ohjailet
Tuulien mukaan

Lepää rauhassa lapsi
Uudessa maassa
Odota
Kunnes tapaamme jälleen


Sisällä Äidin lapsen naurtavat silmät
Muistot niin kauniit ja syvät
Iloa tuottavat hetkiin ja päiviin


Pieni enkeli jossain
tähdellä toisella
Päivänpaistetta luot siellä
kuin loit täälläkin
Kukkaset kummullas
ja itkevä äiti
Möyhii multaa
kuin sinua etsien
Olet osanen maata taivaan kultaa
lähellä kuitenkin kaukana
Sinut vierelläin
pitää niin halunnut oisin


Pieni liito  lento tuonpuoleiseen
kuin pieni  hento kukka
joka hetken kasvoi ja kuoli pois
Hiljaisuudessa kaunis maa
jossa herkät kukkaset kasvaa saa
Siellä usein olen luonasi
 ja kaipaan sinua

Hauras kaunis harsohelma
kuin pienen lapsen haave
Unelmilleen siivet saa
niillä lentää rajan taa


Pieni hauras lintunen
kevyenä liidät
Hento on sun lento
vaan vahva määränpää
Pieni oljenkorsi leppäkerttunen
pehmeä tuulenpurje laineenliplatus
tähdenlento
Olet siellä jossain


Sinä pieni hento ihmistaimi
et ollut tänne maailmaan luotu
Tahdoit mennä enkelten taivaaseen
vain pienen muiston meille tuoda
kiitos


Ei päivien pituudella ole väliä
vaan yhteisillä hetkillä
Tuon ajan annoitkin meille
pienen elämäsi verran
Se kantaa meitä loppuun asti
Ja sinut valon maailmaan

Kuin tähdenlentona saavuit
luoksemme, sitten taas lensit
sinne tähtien taivaaseen
On yksi tähti enemmän
joka maalaa taivaanrantaa
sydämiä ihmisten


Päiväperhonen siipesi hauraat
kuvajaisesi kuultaa elämän pinnalla
Syvyyksistä tulit maistamaan
elämän tulta
Mutta vain pieni hetki
näit jo sen kauneuden


Pieniä heikkoja ihmistaimia
kauniita kuin kylmänkukat
Hauraita ovat puvut yllään ja
kaunis pieni sydän
Ei jaksa liekkiään kantaa
hentoa kylmänkukkaa
vaan lakastuu ja elämänsä
hennon pois antaa


On jossain maa
missä kaikki kukkaset
kukkia saa
Pieni hauraskin
siivet kasvattaa

Hyvästi jää kaunis lapseni
rakkauteni sua johdattaa
Sinne minne menetkin
siellä rakkauteni kohtaat


Päivänkakkarat
nauravat silmäsi
ne sinusta muistuttaa
Valon seppele päässäsi
hymy huulillasi
ne minua lohduttaa


Pieni enkeli
hetken lähelläni viivyit
Ilta pilvetön hämyinen
sydän hauras surullinen
Liekki hellien koskettaa
toivon tuo tuolta puolen


Lyhyt perhosen lento
lapseni elämä
Saavuit luovuit
menit pois
Nukuit pehmeään uneen
pumpulipilviin
Enkelit kantoivat
kevyen pois

Lapseni, väsyit nukuit pois
Et ollut tätä elämää varten
hetken luonani viivyit
Vähän aikaa kosketuspintaa
sydän vasten sydäntä


Kaunis kukka puhtaan valkoinen
pienen hetken sylissäni pitää sain
nukkaposkeasi nuuhkuttaa
Siivet sait enkeliksi tahdoit tulla
taivaan valtakuntaan


Hauras hento keijukainen
vähän aikaa sä viivyit
Emme ymmärtää voi
sinun jatkettava matkaa
Muistoja rakkaita
kohtaamisen verran


Pieni kaunis ihmistaimi
hauras kukkasen terälehti
Viipyä voit hetken
pienen tähdenlennon verran
Pieni enkeli tuulten mukana tulit
Tahdoit vain lentää – lentää-
et asettua aloilleen
Tuulissa hetken soi laulusi

Rakas pieni kääröni
asettelen sinut lähteviin
Puen pitsiunelmiin
ruusut kauneimmat helmaasi
Sydämeni, se kulkekoon mukanasi
minne ikinä menet
Surujen sillalta näkee kauas
tähtiin asti


Pieni nuken kokoinen
lehtivihreäsi haihtui pois
Auringon säteen verran viivyit
Nyt lehdossa levätä saat
tuntea aamukasteen iltaruskon
nurmen nahkean nukan
Sielujen taivaassa kaikki
jo odottivat sinua


Hiljaa luovutan lapsen
uinuvien lehtojen alle
Hiillokset sammuu
pieni elämän liekki
Liut pois käsistäni
Sydämestäni en anna
sinun koskaan pois mennä

Tuokion elit pienen hetken vain
valvoin vierelläsi päivin öin
Toivoin
kuitenkaan pitää saanut en
Vain tuokion
pienen hetken olit omanain


Kannan väsynyttä lasta sylissäni
en vielä antaisi mennä pois
En vielä vastahan tulit
et jäädäksesi vain vähäksi aikaa
Tahdoit vain nähdä
kosketukseni tuntea
Siinäkö sinulle riittämiin
jaksaaksesi taas lentää


Valkoinen kastemekko päälläsi
Olet niin kaunis pieni enkeli
Olen pukenut sinut parhaimpiisi
röyhelöt rusetit ruusunkukat
Kenties joskus kohdataan
valokaarien tuolla puolen
Silloin et nää kyyneleitäni
vaan ilon pisaroita

OSA IV

OI ELÄMÄ

Pyhä rauha kutsuu elämään unien maailmaan
gerberat kukkii valomerenä maa

Yö yötä on  päivä päivää
hetki  hetkeltä
Väistyy ihmisen varjo
kipeä katse kasvoilta

Helmi on sydämessä kyyneleen muotoinen
Ei koske enää ei väsy vaeltaja

Pyhä rauha kutsuu elämään unien maailmaan
gerberat kukkii valomerenä taivas
Lukin seitti ohitettu pieni tahra sielussa
ihmislapsen

Aika on katoavaista jatkuu kuitenkin
kuin tähdenlento

# KAIKEN TÄYTTYMYS


Joskus tulee aika
jolloin kasvan vihreää ruohoa
ja kukkaset keräävät voimaa
mullasta missä lepään

Voisiko olla kauniimpaa
kun linnut  laulaa
tuuli kellojaan soittaa
ja uneni on rauhaisaa

Rakkaus luontoon ja maahan
loppumaton
Se on kaiken täyttymys
kun kukkaset keinuvat päälläni
ja vihreä nurmi nauraa

Olkaa muutkin onnellisia
sillä se on lupaus uuteen kasvuun
valoon ja rakkauteen

# VALON SYLISSÄ

Valon sylissä ei yksin jää
vaikka yksinäisyyden kaapua kantaa
sydämestään silti
valoa antaa

Käy rinnalla yksinäisen
rikkinäisen tuskaa ajatuksin kantaa
Jos ei yllä kädellä käteen
ajatusten siivin lähelle lentää
valoa antaa

Sydämestä   sydämeen
tuo särkyneelle voimaa
valon sylissä ei yksin jää

Ystäväni tahdon sinua kantaa
pois murheiselta niityltä viedä
Tule mennään
luonto hoitaa lastaan
ja voimaa antaa

Valkoiset metsätähdet peittää polkumme
kanervat kukkivat
suopursut tuoksullaan hellivät
Aurinko kultaa kukkulat
hopeoittaa kallioiden kyljet

Lammella loikoillen lepäilevät lumpeet
pehmeät sammalet jalkojen alla
lokit kiitävät taivaan rannan yllä
vesi tyyni kuin peilipinta

Ystäväni tahdotko juoda lähdevettä
kristallin kirkasta helmeilevää
Tule mennään
juostaan lennetään
elämän valoihin
kukkaköynnösten suojiin
yhdessä

# TUULIEN LAPSI

Villi maailma vie tuuliisi
tuperra hiukseni solmuille
lennätä ilmassa kuin perhosta
äläkä anna pudota turhuuksiin
väsyneisiin vesiin
Viivytä pitkiin siivenvetoihin
täysiin keuhkoihin
saavuttamattomiin unelmiin
mitkä tahtovat tulla saavutetuiksi

Villi maailma vie tuuliisi
niin täyttyisin siitä jostakin
minkä tiedän olevan jossain
Tunteesta elämästä rakkaudesta
siitä minkä tarkoitus ja merkitys
on kirjoitettu siivenvetoihin

Jokainen merkki on kuin
pois pyyhkäisty elettyään
Mitä lähemmäs loppuni lähestyy
sitä vapaampana vain tahdon lentää
tuulien mukana eteen päin
Pilvihattaroitten päällä yöttömässä yössä
olemattoman harso olkapäilläni

OI ELÄMÄ


Yksi pisara kastehelmi
hetken lehdelläsi viivyn
  oi elämä

Anna minun nähdä
oi anna kuulla
se oikea lokinhuuto
valkea rinta
kuun kuulto
vesien läikkyvä  pinta

Yksi pisara kastehelmi
hetken lehdelläsi viivyn
  oi elämä

Anna minun kokea
oi anna tuntea
tuultesi rajut
lempeät purjeet
kurkiaurojesi ja joutsenten
muuttolaulut

Lähtemisen kaipuu
vapaus
kun rajat ei enää
kahlitse
  oi elämä

# RUKOUS SÄRKYNEELLE

Rakas Taivaallinen Isä
anna voimaa valoa matkallemme
Uskoa toivoa iloa rakkautta
elämäämme
Hoida särkyneitä
surun matkaa tekeviä
Kanna silloin
kun omat askeleet ei riitä
Auta heikkoa väsynyttä
voimaantumaan
Löytämään uusi aika
turvallinen tie
Ystävä syli olkapää
ja rauha
mikä kantaa läpi elämän